VILLE ET RADE

DE

BOUGIE

PROVINCE DE CONSTANTINE (ALGÉRIE)

PAR

J. MASSELOT

LIEUTENANT DE VAISSEAU, DIRECTEUR DU PORT DE BOUGIE,

Ancien élève de l'École Polytechnique.

BOUGIE

IMPRIMERIE ET LIBRAIRIE F. BIZIOU

1869.

Tous les faits consignés dans cette brochure ont été pris dans les ouvrages suivants :

Isambert (*Traduction de Procope*). — *Histoire de Justinien* ;

Baron de Slane (*Traduction d'Ebn-el-Khaldoun*) ;

Jean Yanoski. — *Afrique chrétienne, domination des Vandales* ;

E. Carette. — *Algérie* ;

Rozet, capitaine du Génie. — *Alger* ;

Le docteur Louis Franck et J.-J. Marcel. — *Description de Tunis* ;

D'Avezac. — *Esquisse générale de l'Afrique* ;

Dureau de la Malle. — *Manuel algérien, Carthage* ;

Rabusson. — *Géographie du Nord de l'Afrique* ;

Lacroix. — *Histoire de la Numidie et Mauritanie* ;

Berbruger. — *Epoques militaires de la grande Kabylie* ;

Aimé Martin. — *Histoire de France* ;

Amédée Thierry. — *Histoire des Gaulois.*

Le but de cette brochure a été de condenser en quelques pages tout ce qu'il y avait de plus intéressant à dire sur Bougie au point de vue de son passé, de son présent et de son avenir, et d'y intéresser la France et l'Algérie.

L'ethnographie, l'archéologie et la numismatique de Bougie ont beaucoup à nous dire sur elle ; j'espère que cette lacune sera bientôt comblée, et qu'un infatigable travailleur dévoué à la science archéologique dans la province de Constantine voudra nous raconter l'histoire complète d'une des plus opulentes cités berbères, qui fut aussi la plus civilisée sous le régime musulman.

J. MASSELOT,

HISTORIQUE

L'emplacement de Bougie (*Bugia* , *Boudjeïa*) dut autrefois être occupé par les Carthaginois, puisque suivant le géographe grec Scylax, toute la côte septentrionale d'Afrique, depuis la grande Syrte jusqu'aux colonnes d'Hercule, était jalonnée de comptoirs ou occupée par des villes puniques. Au temps de Procope, la langue carthaginoise se retrouvait encore chez quelques habitants, débris dispersés du peuple détruit par les Romains.

Saldæ, colonie romaine, succéda à la colonie punique dans la concentration des intérêts commerciaux et politiques.

(Il n'existe plus aujourd'hui aucun doute sur les emplacements de Choba et de Saldæ; Choba occupait l'emplacement de Mansouriah, à l'Est de Saldæ, et Saldæ celui qu'occupe Bougie.)

Genséric, successeur des Romains, quittant l'Espagne en Mai 429, couvrit de ses Vandales tout le littoral à une certaine profondeur. C'est par la route de Sitifis (Sétif) à Hypo-Regius (Bône) qu'il arriva, de victoires en victoires, dans l'été de 430, à cette dernière, et s'en empara en Août 431.

Rien dans les auteurs anciens ne prouve qu'il ait occupé Saldæ au titre de capitale; elle dut naturellement servir à sa marine, mais il n'y eut que Bône qui fut quelque temps occupée par lui avant son arrivée à Carthage, seule capitale du royaume vandale.

Aux Vandales, chassés par Bélisaire, succédèrent les Byzantins, aux Byzantins les Arabes, dans la possession de Bougie. Il faut constater que ce fut vers le milieu du 12me siècle seulement, sous les Emirs Berbères Hammadites, branche cadette des Zirittes, que Bougie atteignit le rang de capitale et commandait à Bône, Constantine et Alger. Ce fut l'époque de sa plus grande splendeur.

Vers 708 elle acheva d'être convertie à l'Islamisme; jusque-là elle avait conservé les traces de la religion chrétienne; mais de tous ses évêques, l'histoire n'a conservé que le nom d'un seul Paschasius, qui figure au concile de 484, assemblé par Hunéric, roi des Vandales.

Entre le 7me et le 15me siècle les historiens arabes, et principalement Ebn-el-Khaldoun, ont transmis une foule de documents peu coordonnés, souvent contradictoires, sur les princes ou rois de Bougie; il en ressort cependant que Bougie a été, entre ces limites, une imposante cité berbère, riche, commerçante, décorée de monuments publics, dont on ne peut que soupçonner l'importance par la grande quantité de débris. Les arts et les lettres y étaient cultivés ; la population, de guerrière qu'elle était à l'origine, devint adonnée aux fêtes et aux plaisirs ; aussi, Bougie fut prise en 1509, sans coup férir, par Pierre Navarre, envoyé par Ferdinand-le-Catholique.

Trois ans après, Baba-Aroudj, qui devint plus tard fondateur d'Alger, voulant en faire sa capitale, vint en faire le siége en 1512. Il y perdit un bras, revint une autre fois sans plus de succès, et finalement s'établit à Alger.

Ce ne fut qu'en 1555 que Sala-Raïs, le cinquième pacha d'Alger, s'empara de Bougie, mais le Génie d'Aroudj était éteint, Bougie resta ville de province sous la domination nominale des Turcs jusqu'en 1833, époque où la France y planta le drapeau de sa future régénération.

IMPORTANCE POLITIQUE

ET MILITAIRE

Bougie fut de tout temps le point objectif de quiconque a voulu dominer le bassin latin de la Méditerranée. Inutile, sous ce point de vue, aux Romains, qui en étaient les maîtres absolus, elle resta avec eux une simple colonie du nom de Saldæ.

Elle devint nécessaire à l'Espagne après l'expulsion des Maures de l'Andalousie. c'est pourquoi Ferdinand-le-Catholique envoya, en 1509, Pierre Navarre s'en emparer.

En 1541, Charles-Quint eut l'occasion d'en juger les ressources, et . de suite il y fit construire des fortifications considérables qui existent encore toutes entières.

Baba-Aroudj en comprit également l'importance, et quittant son premier établissement de Djidjeli, il voulut faire de Bougie le centre de ses audacieux projets. La blessure qu'il y reçut en 1512, en voulant s'en emparer, l'y firent renoncer; c'est à cela qu'Alger, qui l'appela dans ses murs au moment d'une lutte intestine, dût, d'être définitivement la capitale des Etats barbaresques.

Louis XIV, mieux renseigné, après l'expédition avortée du duc de Beaufort sur Djidjeli, regretta beaucoup de ne l'avoir pas portée sur Bougie, qu'il eût trouvée à cette époque presque sans défenseurs.

Enfin il paraît que nos intelligents voisins ont mis la position de Bougie au rang des plus importantes et surtout des plus fortes, et, que si après l'insulte faite au brick anglais le *Procris*, la France ne s'était empressée de la venger, ils s'en seraient donné la peine et le profit.

La ville, convenablement fortifiée, serait une place imprenable, et comme elle est la porte de la Kabylie, du seul peuple que nous puissions avoir la prétention légitime de convertir, sinon à nos usages, du moins à nos intérêts, par la réciprocité des bénéfices, elle doit, malgré l'oubli dont elle semble frappée depuis l'occupation française, attirer définitivement la hauté attention de l'Etat .

Que deviendra Bougie? Sera-t-elle le second bastion de la courtine qui commence à Toulon; qui, avec Tunis, formerait un triangle stratégique ? L'avenir décidera ; mais il faut espérer que la France poursuivra à travers les siècles ses traditions de progrès et de gloire, dont la devise : « *Gesta Dei per Francos* », est inscrite au frontispice de son histoire; qu'après avoir défendu le Génie de la Grèce, de Rome et le christianisme; après avoir sauvé l'Europe de l'Islamisme au 8me siècle, elle combattra par la morale chrétienne le principe de l'Islam en Afrique.

C'est par Bougie que la France doit entrer dans la Kabylie; c'est quand le Kabyle, qui, par ses qualités, ses défauts et même ses mœurs, a tant d'analogie avec les Gaulois, qui comme eux s'est inspiré de Rome pour sa Djemâa (commune), aura pris confiance, que la France pourra dire en regardant l'Algérie : « Voilà l'autre rive du lac français. »

Chaque génération ne remplit que sa tâche, et on ne crée rien de durable sans la sanction du temps; 252 ans ont été nécessaires aux Romains pour opérer la fusion des deux peuples, bâtir leur domination de telle sorte qu'à la fin du Ier siècle de l'ère chrétienne l'Afrique était devenue si Romaine, qu'on n'y exilait plus; on y aurait retrouvé le langage de Rome, toutes les jouissances du luxe et tous les agréments de la patrie. Donc, sans impatiences, sans luttes matérielles qui perpétuent les mots de « vainqueurs » et « vaincus » et avec eux les haines de races, rappelons au Berbère ses origines glorieuses; rappelons-lui que ses héros légendaires ont vaincu et refoulé l'Islamisme, qu'ils ont eu comme nous leur Jeanne-d'Arc chrétienne, Damia-bent-Nifack, insultée comme la nôtre du nom de kahina (sorcière), qui mourut comme elle, trahie en combattant pour son pays; alors, il est possible qu'un jour cet homme des traditions, retrouvant sur son front le signe du Rédempteur, retourne vers ceux qui ont conservé la foi que ses pères avaient embrassée par conviction.

Rappelons-nous que c'est la lutte de l'ascétisme chrétien contre les sens et contre la vérité, la folie religieuse des anachorètes de la Thébaïde qui ennèrent à Mahomet l'idée d'une religion nouvelle, d'un code social et religieux, donnant toutes les satisfactions matérielles à des peuples ardents de sang, enthousiastes d'esprit. L'erreur spiritualiste enfanta par réaction l'erreur matérialiste, et c'est entre elles qu'est la vérité à laquelle il faut revenir. C'est donc par la science économique que cette terre sera régénérée ; elle a produit les Tertullien, les Cyprien, les Augustin, apôtres d'un passé qui fut nécessaire et glorieux ; ils présagent de sa fécondité pour ceux de l'avenir.

Il appartient à notre siècle profondément remué par la science de restreindre les oscillations de l'esprit religieux, toujours outre-passant le but, d'entrer franchement dans la vie réelle et pratique. Avec les principes éternels communs à tous les cultes ; avec des institutions sociales honorant le travail et garantissant la récompense, dispensant l'instruction, effaçant les marques serviles, on doit arriver à déraciner les habitudes et détruire les préjugés qui nous séparent du peuple berbère. C'est une œuvre de patience et de temps ; c'est une conquête bien autrement glorieuse que celle d'un territoire !

Mr Amédée Thierry, dans son *Histoire des Gaulois,* semble, du reste, vouloir prouver que la race berbère est une fraction de la grande invasion des Gaëls et Kimris, qui, après avoir couvert le territoire occupé par la France actuelle, déborda sur l'Afrique ; en fait, de grandes analogies dans leurs mœurs, dans leurs superstitions, dans leurs cérémonies et dans leur manière de combattre, se retrouvent chez les Kabyles actuels, descendants des Berbères, et en vertu de l'affinité des races, le rapprochement paradoxal de l'extrême civilisation et de la barbarie n'est plus impossible.

La civilisation romaine, que la Gaule a acceptée et que le christianisme y a fait atteindre des régions supérieures, est descendue dans la Berberie; elle s'y est perdue dans le matérialisme musulman. S'il est incontestable qu'au 3me siècle nos pères et les leurs vivaient sous les mêmes lois, il est sage et prévoyant de penser qu'une même loi peut les réunir encore, et de préparer leur avenir en conséquence.

Les Velleda ont disparu de chez les Berbères par le régime musulman; qu'elles y reviennent, ou, en d'autres termes, que la femme y reprenne son rang et sa dignité, et l'œuvre de la fusion sera facilitée. La régénération de la femme kabyle est donc un des points à poursuivre pour l'œuvre de la civilisation; déjà fort au-dessus de la femme arabe; ayant comme mère une autorité morale incontestée sur ses enfants, il faudrait qu'elle eût comme épouse des garanties contre le mari : qu'elle ne pût être chassée de son foyer, achetée comme un meuble ou un animal qu'on peut mettre au rebut. Il est vrai que ces conditions entameraient le Code musulman, qui fait de la femme sinon une esclave, au moins une très-humble servante de l'homme au lieu d'une compagne; mais la civilisation française est à ce prix, et nous devons la faire accepter.

BAIE DE BOUGIE

Si la ville de Bougie en elle-même est une citadelle ébauchée, sa rade est par la nature dotée de tout ce qui peut la convertir en un vaste port militaire et commercial.

Le golfe de Bougie, ancien *Sinus Numidicus*, commence au cap Cavallo et finit au cap Carbon; mais cet enfoncement n'offre d'abri véritable que dans la partie occidentale, épanouissement des contre-forts de la montagne du Gouraya, laquelle, par des ressauts successifs, arrive à la mer et s'y termine brusquement par des falaises de 150 à 200 mètres, constituant les caps Bouac et Carbon, peu distants l'un de l'autre.

A partir du cap Bouac la côte revient vers l'Ouest sensiblement jusqu'au-delà de la ville où était l'ancien port romain; de telle sorte que la rade qui en résulte n'est ouverte qu'au Nord-Est.

La tenue est excellente; la partie abritée est de 6 à 700 hectares, par des fonds de 7 à 16 mètres. Le cap Carbon porte un phare de 1er ordre, dont les éclipses, de minute en minute, se voient quelquefois à 42 milles; le cap Bouac, un feu de 4me ordre, fixe, qui se voit à 10 milles. Les attérages sont sans écueils, sauf l'îlot Pizan, situé à 6 milles à l'ouest du cap Carbon, et qui par sa hauteur est vu d'assez loin.

La baie de Bougie est sans contredit le meilleur mouillage de l'Algérie; Mers-el-Kébir seul pourrait supporter la comparaison, mais les rafales violentes qui viennent de la plaine des Andalous chassent les navires vers des fonds de plus en plus considérables. C'est à un degré moindre le défaut de Bougie: les rafales descendant du Gourayah y sont puissantes, mais le fond est moins incliné; la tenue y est plus solide.

Bougie peut, par une jetée de 1,500 à 2,000 mètres, établie au cap Bouac, sur un fond moyen de 20 mètres, acquérir 800 hectares d'eaux tran-tranquilles par tous les temps et aptes à recevoir les plus forts bâtiments.

On va commencer bientôt une jetée à la pointe du fort Abd-el-Kader; elle dotera la ville d'un excellent port commercial suffisant pour longtemps aux besoins, et ne sera elle-même qu'une avance pour l'avenir; car elle sera la ligne séparative nécessaire du port de guerre et du port de commerce, un quai commun aux deux services.

La ville de Bougie, invisible du large, cachée par des montagnes inaccessibles et élevées, ne redouterait aucun feu de l'ennemi, soit direct, soit courbe, car une jetée au cap Bouac et la batterie de mortiers qu'on veut placer au petit phare de ce nom, le tiendraient en mer à 6 kilomètres; enfin, ses défenses d'entrée ne pourraient appeler sur la ville les feux de l'attaque.

Le blocus de l'Algérie est un fait impossible: les vents du nord l'ont dit; car, si les tempêtes qu'ils jettent sur son littoral annulent les blocus, elles peuvent favoriser l'arrivée des secours de la France ; mais il faudrait avoir des ports sûrs et faciles d'accès pour recevoir ces secours et les abriter.

Quand les conditions normales de liberté et de facilités intérieures auront rendu à chaque port sa valeur intrinsèque, on regrettera d'avoir si peu fait pour Bougie. Sans contredit l'ouvrage qu'il conviendrait de faire pour rendre la rade de Bougie sûre et tranquille, serait la jetée du cap Bouac ; mais c'est une question de millions qui ne pourra se discuter qu'avec la nécessité où se trouverait l'État de se créer un port militaire en Algérie.

Un ingénieur hydrographe de la marine, Mr Lieussou, trop tôt enlevé à son pays et à ses amis, a publié dans son excellent ouvrage intitulé : *Etudes sur les ports de l'Algérie* (2me édition), une esquisse complète et vraie sur le port de Bougie. Il a saisi, dans cet ouvrage, l'occasion de dire la vérité sur la prétention d'Alger à devenir port militaire ; mais, à défaut de Mr Lieussou, la jetée dira, tant qu'elle vivra, quelles incertitudes ont plané sur la valeur de ce port, sans caractère bien marqué. Pour être commercial, il faudrait qu'il fût l'exutoire d'un riche pays, et la Mitidja ne motiverait pas à elle seule la création d'un grand port. Pour être militaire, il faudrait qu'il fût sans crainte pour ses arsenaux, et précisément il est à la merci du premier navire blindé qui par surprise pourra s'en approcher. Que de millions cependant ont été dépensés là, qui pour la sécurité de la colonie eussent été mieux placés ailleurs !

Alger est admirablement située, pittoresque, hospitalière, jouissant d'une grande salubrité; elle est même une cité commerciale, parce que l'Etat en a fait un centre vers lequel convergent beaucoup de routes, un chemin de fer; mais tout cela ne prouve point qu'il faille encore en faire un port de guerre ni même une capitale.

Les Anglais trouvent que Londres est trop près de la mer; qu'on pourrait arriver au cœur de leur pays et le blesser à mort; que dirons-nous d'Alger?

On devrait donc éviter d'appeler sur une ville commerciale, une cité de luxe, d'agrément, de plaisirs, une maison de santé à l'usage de l'Europe, les rigueurs forcées de l'ennemi, encore moins sur la capitale de notre colonie, mise à la merci de quelques bombes.

Supposons Alger attaquée; d'où lui viendrait une diversion favorable? de la France, qui est à 48 heures? c'est trop loin; mais supposons que Bougie soit port de guerre: la diversion n'est plus qu'à 9 heures de distance, et c'en est assez pour intimider ou neutraliser l'attaque, car une flotte ennemie ne serait pas à l'aise entre Toulon et Bougie, ces deux points avertis par Mers-el-Kebir, sentinelle avancée, et par le télégraphe sous-marin, entièrement Français.

Toulon et Bougie à 24 heures de distance pour des vaisseaux à grande vitesse, à 12 heures pour la jonction de deux flottes françaises en travers du fameux lac, ce serait la création de la courtine, flanquée de ses deux bastions.

Nous sommes dans une époque où l'on fait de grandes choses, et, la création d'un port de guerre à Bougie serait le corollaire de l'occupation de l'île de Périm dans la mer Rouge.

IMPORTANCE COMMERCIALE

Sans remonter plus haut qu'au 12me siècle, nous trouvons Bougie, ville considérable, siége d'un grand commerce, poussant au loin vers le désert ses rameaux florissants. Si la race berbère a été abrutie par trois siècles de régime turc, elle a prouvé, sous ses émirs puissants et tolérants, qu'elle était l'égale de tous quand ses allures étaient libres.

Une lettre du 18 Mai 1182, adressée par la République de Pise à l'émir de Bougie, prouve des relations bonnes et bien établies; des habitudes de loyauté garantissaient seules cependant les transactions commerciales, et, en effet, l'histoire n'a reproché à aucun émir berbère ce qui était le fait habituel des pachas turcs. Telle était même la liberté des transactions que, moyennant un droit de 10 p. 0⁄0, les émirs laissaient vendre à leurs ennemis les objets importés par les navires chrétiens.

En 1230, un premier traité de commerce conclu entre Pise et le royaume de Tunis, dont celui de Bougie était l'enclave quasi indépendante et la plus florissante), devint la base du droit public avec les Etats maritimes de l'Italie.

Gênes réclama ensuite les mêmes priviléges que les Pisans, et obtint son traité en 1236, Venise en 1251, Florence en 1252.

La guerre de saint Louis, loin de nuire au commerce, en resserra les liens. Le traité de 1270 consacra le respect des naufragés et de leurs biens; alors que le droit d'épave existait encore en France. Les émirs de Bougie pratiquaient donc, et largement les principes de la liberté religieuse. Une lettre conservée dans les archives de Marseille constate, en Juin 1293, les bons offices du chef de la marine de Bougie rendus aux négociants.

Les articles d'importation à Bougie consistaient : en vins, pour les chrétiens nombreux qui vivaient sous la protection des émirs; en toiles de Reims, futaines, draps, quincaillerie.

Bougie, placée au milieu des côtes de l'Algérie et à l'entrée du massif berbère principal, demeura longtemps l'une des cités les plus commerçantes de l'Afrique, étendant ses relations à tous les ports de la Méditerranée avec l'Italie, la France, l'Espagne, l'Asie-Mineure, la Morée, la Turquie, l'île de Chypre, la Syrie, l'Egypte; elle exportait des cotons bruts, du lin, de la soie, des laines, des cuirs, de la cire, du miel, des métaux, des caroubes, des noix, des céréales, de l'huile, des épices et des écorces à tan.

Ce dernier article s'exportait en si grande quantité, qu'il était connu dans toute la Méditerranée sous le nom d'*Iscorza di Bugeia.*

Enfin, un produit dont le nom désigne l'origine, *la bougie*, et un autre, le corail, s'ajoutaient aux éléments de richesse que possédait la ville. Les métaux précieux y étaient admis en franchise, car Bougie possédait un hôtel de monnaie.

Bougie déchut au 15e siècle, comme toutes les grandes villes de la Méditerranée. Colomb avait découvert l'Amérique ; Vasco, de Gama, doublait le cap des Tempêtes ; les flottes demandaient désormais aux pays nouvellement découverts ce que les caravannes nigritiennes apportaient à la Méditerranée. Puis, vint l'expulsion des Maures d'Espagne ; la réaction chrétienne ouvrit la porte à la violence ; Baba-Aroudj en prit le prétexte et installa la domination des Turcs.

Le commerce alors fut anéanti ; Bougie, qui ne put être capitale des Etats barbaresques, resta petite ville, et sa rade fut celle d'hivernage des frégates corsaires de l'hodjac d'Alger.

Bougie à l'heure actuelle expédie encore des huiles, caroubes, figues sèches, liéges, bois, métaux, pour une valeur variable de deux à cinq millions, suivant la bonté des récoltes. Les huiles que les versants des montagnes kabyles livrent à la consommation, partant du même pressoir, vont à la fois à Tombouctou et à Paris, aux rives du Niger et à celles de la Seine, réunissant ainsi le connu et l'inconnu. Cette situation n'est-elle pas la clef de l'avenir ?

SITUATION DE LA VILLE DE BOUGIE

État présent. — Description et ressources.

Bougie est située par 2° 44' 56" de longitude et 36° 46' 54" de latitude nord, sur la côte nord-ouest du golfe de ce nom, ancien golfe de Numidie; à 28 lieues de Sétif, à laquelle elle est reliée par une route qui va être prochainement terminée et qui sera sans contredit une route des plus remarquables par l'aspect du pays qu'elle traverse.

Au pied de la ville est une rade immense; derrière elle s'élève rapidement la montagne du Gourayah, dont le pic, de 704 mètres au-dessus du niveau de la mer, était naguère le but d'un pèlerinage pieux : le tombeau de la sainte femme nommée Lella-Gourayah, compris maintenant dans l'enceinte du fort du même nom. Sur ses flancs est et ouest existent deux ravins.

La ville européenne seule est en vue de la rade ; la partie indigène est sur le revers du mamelon, entre le ravin de Sidi-Touati à l'est et celui du Djebel-Khalifa à l'ouest ; ses maisons, entremêlées de quelques arbres, sont coquettement assises, et quand le projet des fortifications sera définitivement arrêté, nul doute que de grands espaces réservés jusqu'à présent par le Génie militaire ne soient remis à la colonisation et utilisés en constructions et jardins ; alors, l'antique capitale des Emirs Berbères pourrait redevenir ville de luxe, ville commerçante et ville forte.

On voit encore les murailles gigantesques, débris imposants de la ville sarrazine, les citernes dites romaines et les murs de Saldæ ; enfin, au bord de la mer, à côté d'un débarcadère mesquin construit depuis l'occupation française, les fiers et robustes débris de l'enceinte fortifiée semblent évoquer les souvenirs du passé et reprocher au présent ses défaillances et ses hésitations.

La ville de Bougie est administrée par un Maire et un Conseil municipal depuis le 17 Juin 1854 ; elle relève de la Préfecture de Constantine depuis le 10 mars 1850 ; mais, par l'absence de chemins convenables, elle n'a pris, depuis l'occupation française, aucun développement. On compte beaucoup sur le prochain achèvement des routes qui la relieront à Sétif et à la grande route d'Alger à Constantine par les Beni-Mançour.

Ces routes permettront, en effet, aux produits des riches plaines de Sétif de venir s'embarquer à Bougie, en diminuant de moitié leur parcours actuel, et la route des Beni-Mançour, dirigée sur Aumale, recevra tous les produits des versants kabyles dans toute la vallée de l'Oued-Sahel, depuis Bougie jusqu'à Aumale. On travaille activement à ces routes.

La population de la ville en 1866 était de 2,916 âmes, dont 1,550 Européens et 1366 Indigènes. La population européenne se répartissait ainsi : 809 Français, 143 Anglo-Maltais, 157 Italiens, 226 Espagnols et 15 divers, ce qui, avec la garnison, qui doit être (réglementairement) de 1,000 hommes, fait une population totale de 4,000 âmes environ.

La ville de Bougie a pour enceinte une muraille qui relie entre eux les forts Abd-el-Kader, de Moussa ou Barral, en s'appuyant sur la caserne Bridja, puis de Moussa retourne vers la mer et finit à la Casbah.

Elle a six portes : celle d'Abd-el-Kader, de la Caserne, du Veillard, de Moussa ou Barral, des Disciplinaires, du Grand-Ravin, de Fouka et de la Casbah ; elle en aura une septième sur la route qui joindra le port à la plaine.

Sa forme est celle d'un triangle dont le fort Moussa est le sommet, Abd-el-Kader et la Casbah les extrémités de la base, assise sur la mer.

La circulation n'y est pas facile, vu la raideur des rues principales : la rue Trézel, du Cadi, du Veillard, et la rue de la Marine, qui, avec celle de la Casbah, mènent à la porte Fouka, composent la ville européenne. Quant aux autres qui desservent les quartiers indigènes, une seule est accessible aux voitures : c'est la rue Kléber, où se trouve la Prison civile.

Dans la partie nord-ouest de la ville se trouvent : un grand quartier indigène, la place du Marché ou place Louis-Philippe, qui possède un petit Fondouk, et le Camp-Supérieur, où se trouvent les citernes romaines.

L'eau est rare à Bougie, et c'est d'autant plus regrettable, qu'autrefois elle en était amplement pourvue ; elle recevait de sept lieues, par un aqueduc dont on voit encore les restes, la rivière de Toudja, l'Oued-Ghir.

Elle s'alimente maintenant par les sources de Roumane, de la fontaine Romaine, des quatre bassins, du four à chaux, de Sidi-Touati, des Cinq-Fontaines.

Celle du fort Clausel fournit exclusivement à l'abreuvoir et au lavoir, près du parc à fourrage.

On s'est emparé de toutes les sources qui appartenaient à des propriétés particulières dominant la ville, et ainsi on est arrivé, après avoir frappé de stérilité tous ces terrains, à donner aux habitants le strict nécessaire.

L'eau ne manque cependant pas, ni les moyens de la conserver. On pense que bientôt l'édilité donnera satisfaction à ce besoin de premier ordre.

La ville possède maintenant une église, mais n'a point de mosquée! elle qui fut une ville sainte! un lieu de pèlerinage qu'on appelait la petite Mecque! elle qui avait son puits de Zem-Zem, visité par tant de pèlerins! il est maintenant à côté d'une vacherie et abandonné aux bestiaux. Elle possède trois marabouts insignifiants et mal entretenus : Sidi-Yaya, Sidi-Soufi et Sidi-Abd-er-Rahman.

Il y a une caserne d'infanterie à Bridja-Supérieur pouvant renfermer un bataillon, et sous laquelle existe une citerne de 5,000 mètres cubes; une autre caserne à Sidi-Touati pour 50 hommes; celle du fort Moussa (Barral), pour 150 hommes, habitée par les Pionniers de Discipline, et celles de Sidi-Ahmed et de Bridja-Inférieur, habitées par les Fusiliers de Discipline; enfin, de petits logements pour les troupes d'Artillerie et du Génie.

L'Artillerie a ses magasins place de l'Arsenal et à Mangin, le Génie et les Subsistances militaires à la

Casbah, le Campement près de la porte Sarrazine; l'Atelier N° 4 des Travaux publics est campé au Plateau-des-Ruines, au sommet du Gourayah.

L'Hôpital militaire est le seul bâtiment hospitalier; il est sur le plateau de Bridja, près de la caserne, et peut contenir 177 lits.

Le parc aux fourrages est en dehors et au bas de la ville. Une chétive et ancienne maison mauresque est affectée au Cercle militaire. Il y a un Cercle civil.

Un phare de 1er ordre au cap Carbon, un de 4me ordre au cap Bouac, une école de Garçons, une pour les Filles, un lavoir et un abreuvoir au dehors de la ville, c'est tout et c'est peu pour une ville qui jouit annuellement de plus de 100,000 francs de revenus de ses marchés.

On trouve deux hôtels à Bougie : l'hôtel de la Marine et l'hôtel des Quatre-Nations. Comme dans toutes les villes de l'Algérie, le nombre des cafés et débits de boissons semble supérieur aux besoins ; ils font vivre pauvrement ceux qui les tiennent, mais ils entretiennent une brasserie.

Il existe à Bougie une imprimerie typographique.

Les moulins à farine de MM. Moncada et Guillaumi, situés à 6 kilomètres de la ville, ne pouvant suffire à la consommation faute de la réglementation des eaux de l'Oued-Akdou, on y a introduit la vapeur; mais leur industrie ne pourra se développer que par l'arrivée des grains de Sétif, quand la route sera ouverte.

Les moulins à huile de MM. Lambert, Ahmed-Khatri, Dufour, Honorat et Emery, sont en bonne voie de fortune et livrent au commerce de grandes quantités d'huiles comestibles rivalisant avec les meilleures huiles de Provence.

L'exploitation des liéges de M. Chabannes du Peux, en plein rapport, va donner lieu à des fabriques de bouchons, et verse déjà aux Indigènes employés aux divers travaux 60,000 fr. de salaires.

Les figues sèches, les caroubes, les huiles à savon, sont en ce moment la base du commerce d'exportation bougiote. La France y envoie des cotonnades, du fer, des épices et de l'argent; mais les Indigènes greffent les oliviers et les caroubiers sauvages, plantent des figuiers; de sorte que les produits d'exportation augmenteront considérablement en peu de temps, sans compensation proportionnelle des produits français, à moins que la colonisation, étouffée dans l'étroit espace que lui a mesuré la Circulaire de Mai 1866, ne s'étende dans des limites convenables.

Les articles d'exportation que les routes ouvertes vont créer, sont : les blés et les orges des plaines de Sétif et d'Aumale; très-probablement les laines de Bou-Sàada; les cuirs, le miel, la cire de toute la Kabylie; les minerais riches et variés que des recherches concédées ont mis à découvert dans l'Oued-Agrioum et ailleurs.

Les vignes commencent à fournir une partie de la consommation, mais jusqu'à présent les propriétaires ont cherché à faire des vins trop fins, et c'est probablement une mauvaise spéculation.

On cite MM. Blanc et Dufour comme ayant les vignobles les plus étendus et les mieux entretenus.

La culture du lin et du coton a donné des produits d'une qualité remarquable; mais ces industries ont subi à leur début des mécomptes, de sorte que ces cultures sont à peu près abandonnées.

Les environs sont accidentés et d'un aspect agréable; les pentes sud du Gourayah sont en roches calcaires, reliées par des argiles rouges.

Du temps de Léon l'Africain (1515), on y voyait, dit-il, des maisons de plaisance richement ornementées, dont il donne la description. Le temps n'a laissé que des débris méconnaissables; mais, Peyssonnel, qui, en 1722, en a vu les restes, affirme que ce pays a réuni des hommes qui savaient jouir de la vie, aimant la danse, la musique et les doux loisirs. Il ajoute qu'on voit aux alentours plusieurs montagnes toutes couvertes de bois dans lesquels se nourrissent une infinité de singes et quelques panthères. Ces animaux, en effet, fréquentent encore les environs de la ville. Les sangliers, hyènes, chacals, lynx, et tous les gibiers, garnissent les ravins environnants.

Les villages kabyles, semblables à nos hameaux de France, et quelques-uns à des gros bourgs, tranchent de temps en temps sur le fond vert des montagnes par leurs maisons blanchies à la chaux. C'est un progrès accompli! Depuis notre occupation le bien-être commence à pénétrer et se traduit par un peu plus de propreté.

Le terrain occupé par la colonie bougiote, dit *Territoire civil*, est évalué à QUATRE CENTS hectares, desquels la moitié est domaine public ou domaine militaire.

Les seuls moyens de transport à Bougie, pour les excursions que l'on voudrait faire dans les environs, sont les chevaux et les mulets.

Une route a été faite dans la direction de Sétif, mais elle n'est pas encore achevée pour le service des voitures. La route de Sétif sera finie en 1870, dit-on, et sera l'une des plus belles et des plus curieuses comme tracé, surtout dans la partie des montagnes nommée Châbet-el-Akhra; elle est en corniche à une grande hauteur au-dessus du ravin où coule l'Oued-Agrioum, et elle est elle-même surplombée par des hauteurs verticales de 1,000 mètres. Les constitutions nerveuses en sont fortement impressionnées, dit-on; le surplomb inspire la crainte et le vide donne le vertige. Sans doute ces effets n'auront plus autant d'intensité quand la route aura sa largeur réglementaire et son parapet, mais il y aura toujours des émotions vivement recherchées par les touristes.

La route des Beni-Mançour, à laquelle on travaille activement, va servir de canal aux produits de la vallée de l'Oued-Sahel ou Soumam jusqu'à Aumale, et rejoindra, aux Beni-Mançour, la grande route impériale d'Alger à Constantine. Cette route sera probablement aussi profitable aux intérêts de Bougie que celle sur Sétif; ce sont deux canaux convergents qui desserviront des pays riches et de produits extrêmement variés, et naturellement Bougie placée au point de convergence et jouissant d'un bon port, devra reprendre, sous l'influence de ces deux courants, l'importance commerciale qu'elle a eue autrefois et qu'elle eût repris en partie, depuis l'occupation française, si les intérêts particuliers de villes voisines n'avaient constamment pesé sur son développement.

MARINE LOCALE

Le port de commerce de Bougie compte une quarantaine de bateaux pêcheurs ou allèges occupant une population maritime de 80 marins, représentant 150 individus, femmes et enfants compris. Cette industrie, presque abandonnée des Indigènes, est exploitée par des Italiens, Maltais et Espagnols, en grande partie naturalisés Français.

La marine indigène a disparu : devant l'activité des nouveaux marins plus habiles et presque aussi sobres qu'eux ; devant les formalités de douane et les restrictions de l'inscription maritime, dont ils ne comprennent pas encore le but et la portée. Mais la cause matérielle de la disparition des bateaux indigènes à Bougie a été surtout le manque de terrain pour les hâler et les réparer ; le mauvais temps est venu les briser les uns après les autres en les prenant en rade sur de mauvaises amarres.

C'est une erreur assez accréditée de penser que les Indigènes avaient une population maritime digne de ce nom; la vérité est que la marine barbaresque était composée en partie de renégats de toutes nationalités, et qu'au moment des sorties de ses corsaires, on complétait les armements en ramassant à terre tous les gens sans aveu ; long-temps déjà avant la prise d'Alger, en dehors de quelques felouques et sandales faisant, l'été seulement, un petit cabotage, la marine locale indigène n'existait plus : les marins de l'été étaient tisserands pendant l'hiver.

La rade de Bougie possède actuellement un service régulier : le service hebdomadaire des Messageries arrivant d'Alger le dimanche et partant pour les escales de l'Est, et revenant le jeudi partant pour Dellys et Alger. La Compagnie générale y avait créé aussi un service par quinzaine : un de ses bâtiments partait de Marseille pour Alger et Bougie, et retournait à Marseille. Il paraît qu'il a cessé.

Si les courriers de France arrivaient directement à Bougie, ils gagneraient trois ou quatre heures sur ceux d'Alger, par la raison que la ligne la plus courte entre Marseille et l'Algérie aboutit sur Bougie, faisant gagner une différence de 55 kilomètres. La route passerait alors à l'Est des îles Baléares, ce qui assurerait un abri plus prolongé contre le mistral.

Bientôt Bougie jouira d'un port de commerce sûr et tranquille par tous les temps ; la jetée sera une utilité et un ornement pour la ville, mais il est regrettable que le fort Abd-el-Kader, qui tombe en ruines, ne soit pas rasé pour la construction de cette jetée : la ville aurait gagné là une promenade magnifique qui lui fait défaut.

CONSIDÉRATIONS GÉNÉRALES

Pendant toute la période de pacification, aucune question ne méritait plus d'intérêt que les routes stratégiques; elles ont été faites par le Génie militaire et là où la guerre en a nécessité la construction. La colonisation venue à la suite des camps les a utilisées, de telle sorte que l'on a pu remarquer que les provinces se sont peuplées de colons en raison de la résistance indigène.

Après la période de pacification doit venir celle de la colonisation, non plus seulement les colons fournisseurs de l'armée et vivant par elle seule, mais le peuple industriel venant la faire vivre et fécondant la terre si chèrement achetée par nos soldats et par les sacrifices de la France entière.

Ce peuple industriel, c'est l'agriculteur, c'est le commerçant, et les intermédiaires qui vont de l'un à l'autre.

Cette classe de peuple ne peut prospérer que par une grande indépendance; elle fuit le militarisme qui tue l'initiative personnelle; ses voies de communication sont rarement des voies stratégiques; aussi, entend-on répéter partout en ce moment : ROUTES et PORTS ! c'est l'aspiration générale; c'est la question unique sur laquelle on doit s'entendre au plus tôt.

Route et port ne sont qu'une seule chose. La route est le canal où la contrée verse ses produits ; le port en est l'extrémité, le dock d'où ils reçoivent toutes les destinations.

Créer les routes sans les ports, c'est créer l'engorgement du canal ; créer les ports sans les routes, c'est l'engorgement du port, et en résumé, c'est créer la souffrance et la ruine.

Avant de créer une route il faudrait connaître son extrémité qui est le port. Qui doit l'indiquer ? La nature, car en général elle crée les ports, et le commerce s'y établit, de telle sorte que l'extrémité d'une route est déterminée *à priori*.

Rarement l'homme crée le port de toutes pièces, si ce n'est pour une défense nationale.

Il résulte de là que la question de port prime la route, qui en est le corollaire, et que toute la prudence de l'État doit être employée dans le choix de ce port.

Là, malheureusement, il faut l'avouer, il y a quelques modifications à introduire dans les études de projets, parce que les hommes spéciaux n'y ont pas la part de légitime influence qui leur est due.

Ce serait aux marins et aux armateurs à désigner les ports de commerce.

Ce serait aux agriculteurs, aux industriels et aux négociants à désigner les routes commerciales.

Il resterait aux ingénieurs et aux administrateurs à les construire et à les réglementer.

J'entends par agriculteurs, les propriétaires fonciers gérant leurs terres et y habitant une grande partie de l'année ; par industriels, les chefs de grandes usines ou exploitations ; par négociants, les intermédiaires entre les producteurs et les consommateurs. Avec ces hommes spéciaux il serait impossible d'être hors de la vérité ; la besogne des ingénieurs et des administrateurs deviendrait facile, économique, féconde et glorieuse, car elle serait basée sur des idées pratiques.

FIN.

Bougie. — Imprimerie F. Biziou.

www.ingramcontent.com/pod-product-compliance
Lightning Source LLC
Chambersburg PA
CBHW061803060726
47597CB00007B/3084